DIME A QUÉ
JUGAMOS

¡Muchos juegos divertidos para niños!

+90 JUEGOS

LAROUSSE

Texto: Charlotte Morin

Ilustraciones
Solo o en pareja: **David Raphet**
Pijamada: **Ewa Lambrechts**
Cumpleaños: **Thérèse Bonté**
Recreo: **Anna Lubinski**

Edición original
Dirección de la publicación: Sophie Chanourdie
Edición: Anne Castaing
Responsable artístico: Laurent Carré
Formación: Jean-Marc Richard

Edición en español
Dirección editorial: Tomás García Cerezo
Gerencia editorial: Jorge Ramírez Chávez
Coordinación editorial: Graciela Iniestra Ramírez
Traducción: Gabriela Ardila Chausse
Formación: E.L., S.A. de C.V. con la colaboración
de Erika Alejandra Dávalos Camarena
Corrección: E.L., S.A. de C.V. con la colaboración
de Adriana Santoveña Rodríguez
Adaptación de portada: E.L., S.A. de C.V.
con la colaboración de Rubén Vite Maya

Título original: *Le Larousse junior des jeux*

© MMXIX Larousse
21 rue Montparnasse, 75006 París

DR © MMXIX
Ediciones Larousse, S.A. de C.V.
Renacimiento 180, Col. San Juan Tlihuaca,
Azcapotzalco, México, 02400, Ciudad de México

ISBN: 978-2-03-5961-48-8 (Francia)
ISBN: 978-607-21-2304-5 (México)

Primera edición, octubre de 2019

Introducción

Este libro ofrece a los jóvenes jugadores consejos e ideas sobre los mejores lugares y momentos para jugar solo, en pareja o en grupos pequeños o numerosos.

¿DÓNDE SE PUEDE JUGAR?

¡Casi en todas partes! En el transporte, en medio del bosque, en la playa, en la casa, en el jardín si hay buen clima, en el patio de recreo o en casa de un amigo...

¿CUÁNDO SE PUEDE JUGAR?

¡Casi todo el tiempo! Entre semana, ya sea en el recreo o por la tarde, el fin de semana, durante las vacaciones, en una reunión familiar, en una pijamada con amigos o en un cumpleaños...

¿CÓMO ELEGIR AL QUE LAS TRAE, AL LÍDER, AL MODERADOR?

Para elegir al que las trae, al que reparte las cartas, al que cuenta o al primer jugador, existen varias opciones: escoger al más joven, decidir en orden alfabético según los nombres o hacerlo al azar.

De ser éste el caso, un jugador elige sin mirar un papel de un montón de papelitos en los que estará escrito el nombre de los participantes: el elegido será el moderador. Si es necesario, se puede pedir a un adulto que guíe el juego.

MATERIAL PARA LOS JUEGOS DE ESTRATEGIA

Si tenemos un tablero de damas, un tablero con 37 hoyos y un tablero de oware con 6 hoyos de cada lado, está perfecto. Si no, se pueden dibujar fácil y rápidamente con lápiz en una hoja blanca o con gis en el piso, o bien usar una caja de 12 huevos vacía. Si no tenemos papel, se pueden hacer dibujos con gis en la banqueta o en el patio de recreo. En cuanto a las fichas, cuando no tenemos las del juego, podemos usar lo que tengamos a la mano: canicas, semillas, conchitas, piedras, nueces, etc.

MATERIAL PARA LOS JUEGOS DE MISTERIO, DE PALABRAS Y DE NÚMEROS

Casi siempre se juegan oralmente, por lo que no hace falta ningún material. Pero a veces es más fácil escribir, y entonces se necesitan un lápiz y una hoja de papel. Si no tenemos un pañuelo para tapar los ojos de los jugadores, podemos pedirles que cierren los ojos. Aunque puede ser tentador hacer trampa, aumenta el reto.

MATERIAL PARA LOS JUEGOS DE MÚSICA

La música debe crearse, a menos que tengamos un celular o una computadora. Aunque es más divertido fabricar nuestros instrumentos con cajas, recipientes, cazuelas o la propia voz.

MATERIAL PARA LOS JUEGOS DE MOVIMIENTO O BALÓN

Se pueden lanzar balones, pelotas de tenis o de malabares, esponjas mojadas, pelotas de espuma. Para crear blancos se pueden usar latas de conserva, cajas o aros. Para los juegos que necesitan bases o campos, es posible marcar el terreno de juego con un gis en el piso o delimitar el espacio usando pañuelos de tela, aros, conos, cubetas volteadas o ramas.

MATERIAL PARA LOS JUEGOS DE DADOS Y CARTAS

Los dados de 6 caras son universales y se pueden encontrar en cualquier parte, pero si estamos lejos de todo, nosotros mismos podemos fabricar uno con papel. En los juegos de cartas se especificará la cantidad de cartas necesaria.

MATERIAL PARA LOS JUEGOS DE CREACIÓN

Los dibujos pueden hacerse con lápiz, colores, plumones, pasteles e incluso con gis en el piso.

ACRÓSTICO

 PAPEL Y LÁPIZ

 1 JUGADOR

A PARTIR DE 6 AÑOS

Objetivo del juego

ENCONTRAR PALABRAS CUYAS PRIMERAS LETRAS, LEÍDAS EN VERTICAL, FORMEN UNA PALABRA.

Se escriben en vertical las letras de un nombre y después se buscan adjetivos que correspondan a la persona elegida. *Variantes:* encontrar palabras en torno a un mismo tema o escribir un poema.

Explosiva
Motivada
Mágica
Amorosa

Grande
Artista
Brillante
Risueña
Idealista
Estupenda
Leal
Amigable

PIEDRA, PAPEL O TIJERA

 NINGUNO

2 JUGADORES

A PARTIR DE 6 AÑOS

Objetivo del juego

GANAR LA BATALLA DE GESTOS.

Con una mano en la espalda, los jugadores cuentan hasta tres y enseñan su mano (que debe representar una piedra, un papel o una tijera). Piedra le gana a tijera, tijera le gana a papel y papel le gana a piedra. El jugador que gana se lleva un punto. Gana el juego quien llegue primero a 10 puntos.

MANDALA

 1 HOJA BLANCA
- LÁPIZ · COMPÁS
- PLUMONES, COLORES

 1 JUGADOR

A PARTIR DE 6 AÑOS

Objetivo del juego

DIBUJAR UN MANDALA
Y COLOREARLO.

*C*on un compás se traza un círculo grande en una hoja blanca. En el interior se dibujan al gusto círculos más pequeños, rosetones y otras figuras. Se borran los trazos que no sirven y se colorea el mandala.

---

10 SOBRE 10

 1 BARAJA DE 52 CARTAS

 1 JUGADOR

 A PARTIR DE 7 AÑOS

Objetivo del juego

DESHACERSE DE
TODAS LAS CARTAS.

*S*e ponen 9 cartas boca arriba, como en la imagen. Con las cartas que quedan, boca arriba, empiezan a cubrirse los 10, los pares cuya suma sea igual a 10 y las figuras que formen pares. El juego se acaba cuando ya no pueda cubrirse ninguna carta. ♣

EL GATO

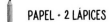

PAPEL · 2 LÁPICES

2 JUGADORES

A PARTIR DE 5 AÑOS

Objetivo del juego

ALINEAR 3 TACHES O 3 CÍRCULOS EN DIAGONAL, EN VERTICAL O EN HORIZONTAL.

*E*n una hoja se dibuja un tablero de 3 por 3. Uno de los jugadores dibuja taches y el otro círculos. Se elige quién empieza. Cada uno, en su turno, dibujará un tache o un círculo en una de las casillas. Gana el que logre alinear sus tres figuras antes que el otro.

BOLA DE NIEVE

PAPEL · LÁPIZ

1 JUGADOR

A PARTIR DE 7 AÑOS

Objetivo del juego

CONSTRUIR LA ORACIÓN MÁS LARGA.

*S*e escribe una oración que tenga sentido empezando con una palabra que tenga una letra, después una de 2 letras, después una de 3 letras y así sucesivamente, como una bola de nieve que crece. Ejemplo: A la una como cinco frutas..

1 2 3 4 5 6

PLACAS

 NINGUNO

 2 Ó MÁS JUGADORES

A PARTIR DE 5 AÑOS

Objetivo del juego

ENCONTRAR PALABRAS QUE EMPIECEN
CON LAS LETRAS DE UNA PLACA DE COCHE.

*U*n jugador elige la placa de un coche. Por turnos, los jugadores buscan palabras que empiecen con las letras de la placa. El primer jugador que se atore en una letra pierde.
Variante: se pueden escoger temas por placa (nombres, animales, etc.).

JUEGO DE COLORES

 NINGUNO

 2 Ó MÁS JUGADORES

 A PARTIR DE 5 AÑOS

Objetivo del juego

DECIR LA MAYOR CANTIDAD DE COSAS
DE UN MISMO COLOR A NUESTRO ALREDEDOR.

*U*n jugador elige un color. Los otros, observando su entorno, deben encontrar la mayor cantidad posible de cosas de ese color y decirlas en voz alta. No pueden decir el mismo objeto dos veces. La persona que encuentre más cosas en 2 minutos gana.

JUEGO DE LAS SÍLABAS

NINGUNO

2 Ó MÁS JUGADORES

A PARTIR DE 6 AÑOS

ENCONTRAR LA MAYOR CANTIDAD POSIBLE DE PALABRAS QUE EMPIECEN CON LA MISMA SÍLABA.

Un jugador escoge una sílaba. Por turnos, los jugadores deben encontrar una palabra que empiece con esa sílaba (ejemplo "ro": rojo, rodar, roedor, roto, etc.). Pierde el primero que ya no encuentre palabras. El ganador de la ronda propone la siguiente sílaba.

LA ORACIÓN MÁS LARGA

MEMORIZAR LA ORACIÓN MÁS LARGA POSIBLE.

NINGUNO

2 Ó MÁS JUGADORES

A PARTIR DE 6 AÑOS

Un jugador dice la primera palabra de una oración. El segundo jugador repite esa palabra y añade otra. El siguiente jugador agrega otra palabra y así sucesivamente. Por ejemplo: La/ La playa / La playa de / La playa de arena... Quien se equivoque al recitar la oración o al completarla queda eliminado.

11

SERIE LÓGICA

 NINGUNO

Objetivo del juego

ENCONTRAR LA MAYOR CANTIDAD DE PALABRAS
RELACIONADAS CON OTRAS.

2 Ó MÁS JUGADORES

A PARTIR DE 6 AÑOS

*U*n jugador dice una palabra. En cada turno hay que decir, lo más rápido posible, una palabra relacionada con la anterior. Por ejemplo: montaña / nieve / árboles / osos... El jugador que repita una palabra ya dicha queda eliminado.

EL JUEGO DE LAS SILUETAS

 PAPEL · LÁPIZ

Objetivo del juego

DESCUBRIR A QUIÉN PERTENECEN
EL PIE O LA MANO.

2 JUGADORES

A PARTIR DE 6 AÑOS

*U*no de los dos jugadores pone su pie y su mano en la hoja y se queda quieto mientras que el otro traza los contornos. Se hace lo mismo con el otro jugador. Después se mezclan las hojas y se despliegan sobre una mesa. ¡Hay que descubrir qué parte pertenece a quién!

AHORCADO

PAPEL · LÁPIZ

2 JUGADORES

A PARTIR DE 6 AÑOS

Objetivo del juego

ENCONTRAR LA PALABRA
ELEGIDA POR EL CONTRINCANTE
ANTES DE SER AHORCADO.

*E*l jugador 1 piensa en una palabra. Dibuja una horca y debajo pone la cantidad de líneas equivalentes a las letras que hay en su palabra.

• El jugador 2 escoge una letra. Si forma parte de la palabra, el jugador 1 la pone en la línea que le corresponde, la cantidad de veces que aparezca en la palabra.

• Si la letra no está en la palabra, el jugador 1 dibuja el primer trazo del ahorcado (la cabeza).

• El jugador 2 propone otras letras. Gana el juego si adivina la palabra antes de que el jugador 2 complete el dibujo del ahorcado.

¿EN QUÉ ESTOY PENSANDO?

NINGUNO

2 JUGADORES

A PARTIR DE 5 AÑOS

Objetivo del juego

ADIVINAR LA PALABRA EN LA QUE
ESTÁ PENSANDO EL OTRO JUGADOR.

*E*l jugador 1 piensa en un objeto, una persona o un animal que el otro conoce.

• El jugador 2 hace preguntas a las que el jugador 1 sólo puede responder "sí" o "no" para encontrar pistas que le permitan adivinar en qué está pensando el jugador 1. Por ejemplo: ¿estás pensando en un animal? Quien hace las preguntas tiene derecho a 5 pistas por turno.

• Si descubre la palabra, le toca adivinar al otro jugador. Si no, debe tratar de adivinar otra palabra.

SERIE DE NÚMEROS

NINGUNO

🧸 2 JUGADORES

➡ A PARTIR DE 7 AÑOS

Objetivo del juego

ENUMERAR UNA SERIE DE NÚMEROS
SIN EQUIVOCARSE.

*P*or turnos, los jugadores enumeran, lo más rápido posible y sin equivocarse, una serie de números agregando 2. Por ejemplo: 0/2/4/6/8/10...

• La dificultad debe adaptarse a cada jugador: el más joven comienza a partir de 0, mientras que el mejor para hacer cálculos mentales puede empezar a partir de 1200, por ejemplo. El jugador que diga la serie más larga de números gana.

• *Variante 1:* agregar 3, 4, 5 o 6 en lugar de 2.

• *Variante 2:* enumera una serie de números restando o multiplicando por 2 en lugar de sumar.

SOLITARIO

PAPEL · LÁPIZ
· REGLA · 36 FICHAS

1 JUGADOR

A PARTIR DE 7 AÑOS

ELIMINAR LAS FICHAS PARA QUE SÓLO
QUEDE UNA EN EL TABLERO.

*H*ay que dibujar un tablero de solitario con 37 casillas. Las fichas se ponen en todo el tablero excepto en la casilla del centro.

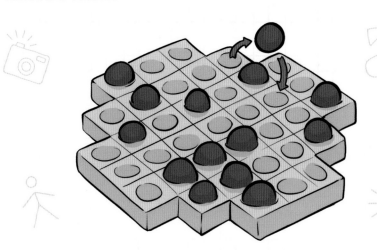

• Para eliminar una ficha, debes saltar sobre ella con otra ficha hacia una casilla vacía del tablero. Sólo están permitidos los desplazamientos horizontales o verticales.
Está prohibido saltar en diagonal.

• El juego termina cuando ya no puedes quitar ninguna ficha. Si sólo queda una, ¡ganaste!

CINCO PUNTOS, UNA LÍNEA

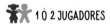
PAPEL CUADRICULADO
· PLUMONES

1 Ó 2 JUGADORES

A PARTIR DE 8 AÑOS

Objetivo del juego

TRAZAR LA MAYOR CANTIDAD DE LÍNEAS DE 5 PUNTOS SOBRE UNA CRUZ.

*E*n una hoja cuadriculada se traza con puntos una cruz de farmacia de 4 puntos en cada brazo (ver la imagen). Después, con un plumón de otro color, se agrega un punto en uno de sus lados. Si son dos jugadores, cada uno debe usar un color diferente u hojas distintas.

• Después se traza la mayor cantidad posible de líneas de 5 puntos en la cruz. Se puede volver a pasar por puntos ya utilizados.

• En cada partida habrá que superar nuestro propio récord o el de nuestro adversario contando la cantidad de líneas trazadas.

17

BATALLA DE
2 CARTAS

 1 BARAJA DE 52 CARTAS

 2 JUGADORES

 A PARTIR DE 6 AÑOS

Objetivo del juego

DESHACERSE
DE TODAS LAS CARTAS.

S e sacan de la baraja las figuras y los 10, para después distribuir todas las cartas.

• Ambos jugadores voltean boca arriba las 2 primeras cartas de su montón, las ponen lado a lado y de frente.

• Se lee el número de izquierda a derecha: por ejemplo, con el 1 y el 9, el resultado es 19. Quien tenga el número más pequeño pierde y se queda con las 4 cartas volteadas.

• Si el número es idéntico, hay batalla. Se juega de nuevo sobre las cartas ya abiertas hasta que uno de los números sea menor al otro. Entonces se toman todas las cartas que se hayan volteado.

• Gana quien se quede sin cartas.

MENTIROSO

 1 BARAJA DE 52 CARTAS

 2 JUGADORES

 A PARTIR DE 7 AÑOS

Objetivo del juego

DESHACERSE DE TODAS LAS CARTAS.

*U*n jugador distribuye las cartas entre dos. Voltea boca arriba una de sus cartas y anuncia su palo (tréboles, diamantes...).

• Por turnos, cada uno pone una carta boca abajo en el montón común y anuncia el mismo palo.

• ¡Pero puede mentir! Si el otro jugador sospecha, dice: "¡Mentiroso!" y voltea la última carta agregada.

• Si la carta es del palo anunciado, el jugador que acusó se queda con el montón de cartas. Si es de otro palo, el jugador que mintió se queda con las cartas.

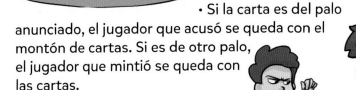

• Quien haya tomado el montón vuelve a empezar el juego con una nueva carta.

CADÁVER EXQUISITO
DE DIBUJO

 PAPEL · 2 LÁPICES

 2 JUGADORES

 A PARTIR DE 6 AÑOS

Objetivo del juego

HACER UN DIBUJO ENTRE VARIOS.

*E*l jugador 1 dibuja en la parte de arriba de la hoja la cabeza de un personaje con cuello. Luego dobla la hoja para esconder la cabeza y dejar descubierto sólo el cuello.

• Le pasa la hoja al jugador 2, quien continúa el dibujo a partir del cuello y hace el torso y los brazos. Después el jugador 1 hace las piernas y los pies.

• Cuando el cuerpo está completo, abren la hoja. ¡Hasta pueden ponerle nombre al personaje!

• También se puede empezar por la parte de abajo de la hoja o definir un tema: animales, vehículos, plantas, etc. ¡O pueden mezclarse diferentes temas!

BATALLA NAVAL

2 HOJAS DE PAPEL
CUADRICULADO + 2 LÁPICES

2 JUGADORES

A PARTIR DE 8 AÑOS

Objetivo del juego

SER EL PRIMERO EN UBICAR
LAS NAVES DEL ADVERSARIO.

ada jugador debe hacer en su hoja dos tableros como éste. En el de arriba debe colocar sus naves, coloreando los cuadros sin que el otro los vea:

→ 1 portaviones (5 cuadros)
→ 2 cruceros (4 cuadros)
→ 2 cazatorpederos (3 cuadros)
→ 3 submarinos (2 cuadros)
→ 4 torpederos (1 cuadro)

• Los jugadores se acomodan uno frente al otro. Empieza la partida.

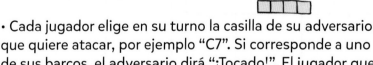

• Cada jugador elige en su turno la casilla de su adversario que quiere atacar, por ejemplo "C7". Si corresponde a uno de sus barcos, el adversario dirá "¡Tocado!". El jugador que le dio pondrá un tache en el cuadro correpondiente en su tablero de abajo.

• Cuando todos los cuadros de un barco han sido tocados, se dice "¡Hundido!".

• Si no se toca ningún barco, pero hay uno en un cuadro contiguo, se dice "¡Al lado!". Así se puede marcar ese cuadro para recordar que hay un barco cerca.

• Si no se toca ningún barco ni hay uno cerca, se dice "¡Agua!". Entonces podemos colorear el cuadro para recordar que ahí no hay nada.

• Gana el primero en hundir todos los barcos de su adversario.

SOLITARIO

 1 BARAJA DE 52 CARTAS

 1 JUGADOR

A PARTIR DE 7 AÑOS

Objetivo del juego

COLOCAR TODAS LAS CARTAS EN
4 SERIES ASCENDENTES.

Se acomodan, de izquierda a derecha, 7 montones de 1 a 7 cartas (cada montón tiene una carta más que el anterior) y se voltea la primera carta de cada uno. Se hace un mazo con las cartas restantes. Empieza el juego.

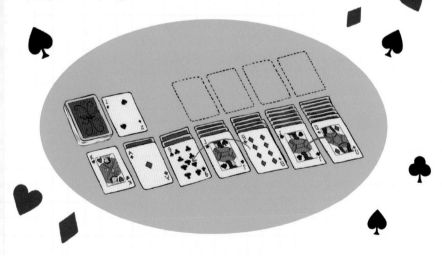

• Las cartas se mueven, una por una o por series, de un montón a otro para formar series descendentes que alternen rojo y negro. Por ejemplo, se puede poner un 6 rojo sobre un 7 negro. Cuando una fila esté vacía, se puede poner un rey o una serie ya formada que empiece con un rey.

23

• Cuando se descubre un as (1), se pone aparte para crear un nuevo montón.

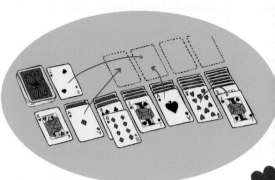

• Después se ponen encima cartas de su mismo color para formar una serie ascendente que vaya del as al rey.

• Cuando ya no tenemos más cartas que mover, se roba una del mazo. Si sirve, la usamos; si no, se vuelve a poner bajo el mazo.

• Seguimos hasta completar las 4 series o hasta que ya no haya movimientos posibles.

BANCO RUSO

- 2 BARAJAS DE 52 CARTAS
- 2 JUGADORES
- A PARTIR DE 8 AÑOS

Objetivo del juego

DESHACERSE DE
TODAS LAS CARTAS.

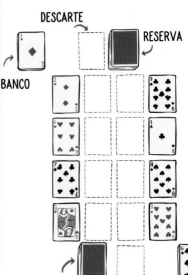

DESCARTE

RESERVA

BANCO

RESERVA

DESCARTE

BANCO

Cada jugador baraja su juego y coloca 4 cartas ante sí en una columna a la derecha. Después cada uno prepara su "banco ruso": un montón de 11 cartas, la de hasta encima puesta boca arriba. Las cartas que quedan, colocadas boca abajo, forman la "reserva". Comienza quien tenga la carta más alta hasta encima de su banco.

♥ ♠ ♦ ♣

· Si tiene ases (1), debe ponerlos en el centro y colocar encima las cartas del mismo palo (tréboles, picas, corazones, diamantes) en orden ascendente. El objetivo es hacer crecer estas 8 filas de ases que pertenecen a los dos jugadores.

♥ ♠

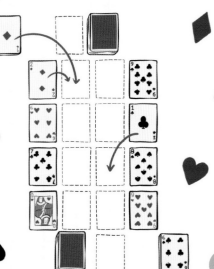

• Después el jugador pone, en las columnas laterales, series descendentes alternando rojo y negro.

• También puede poner en el banco o en el descarte adversario una carta del mismo palo, inmediatamente superior o inferior.

• Puede poner una carta de cualquier palo o valor en una casilla vacía.

• Cuando ya puso las cartas de su banco en el juego, roba una carta de su reserva. Si no puede usarla, la pone en el descarte, boca arriba. Anuncia que termin y toca el turno a su adversario.

• Cuando se terminan todas las cartas de la reserva, se voltea el descarte y éste se convierte en la nueva reserva.

• Si uno se percata de una falta u olvido del adversario, se anuncia "banco ruso" y se juega en su lugar. Gana el primero que logre acomodar todas sus cartas.

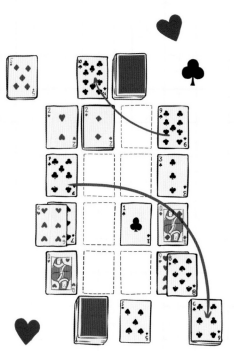

OWARE

1 CAJA (¡VACÍA!) DE 12
HUEVOS · 48 CANICAS

2 JUGADORES

A PARTIR DE 7 AÑOS

Objetivo del juego

QUEDARSE CON LA MAYOR
CANTIDAD DE CANICAS.

Se ponen 4
canicas
en cada
agujero.

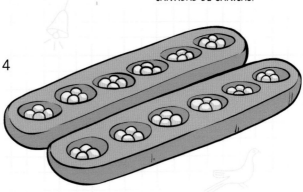

· Quien juega toma las canicas de uno
de los agujeros de su lado y, en el sentido
contrario a las manecillas del reloj, las
deja una por una en los siguientes agujeros.

• Si la última canica cae en el lado contrario y en el agujero final hay 2 o 3 canicas, el jugador las toma. Si la casilla precedente está del lado del adversario y tiene 2 o 3 canicas, también las toma, y así sucesivamente hasta que haya una cantidad distinta de 2 o 3 en los otros agujeros del adversario, o hasta que el jugador regrese a su propio lado.

• Después es el turno del adversario, siempre y cuando aún haya canicas de su lado.

• Durante una vuelta completa, la primera casilla (de la que tomamos las canicas) debe mantenerse vacía.

• La partida termina cuando uno de los jugadores tiene al menos 25 canicas o ya no tiene canicas y su adversario no puede abastecerlo al jugar: las canicas que quedan son para quien aún puede jugar.

DAMAS

1 TABLERO DE DAMAS
· 20 FICHAS BLANCAS ·
20 FICHAS NEGRAS

2 JUGADORES

A PARTIR DE 7 AÑOS

Objetivo del juego

ROBAR O BLOQUEAR LA MAYOR CANTIDAD
POSIBLE DE FICHAS CONTRARIAS.

$\mathcal{E}$mpieza el jugador que tiene las fichas blancas.

• **Una ficha** sólo puede desplazarse hacia delante, en diagonal, sobre las casillas oscuras.

• Para quedarse con una ficha contraria, el jugador 1 debe pasar por encima de ella con su ficha, en diagonal, y caer en la casilla vacía de atrás. Las fichas robadas se van quitando del tablero.

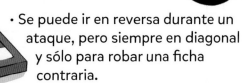

• Se puede ir en reversa durante un ataque, pero siempre en diagonal y sólo para robar una ficha contraria.

• Se pueden tomar varias fichas a la vez, moviéndose siempre en diagonal.

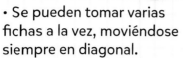

• Para llevarse una dama, la ficha del jugador 1 debe caer sobre una de las casillas de la última fila del jugador 2. Se convierte en dama al colocarle encima una ficha de las que ya no están en el tablero.

• **Una dama** puede moverse en cualquier sentido mientras siga las diagonales. También puede atravesar varias casillas vacías y girar mientras haya una casilla vacía detrás de la ficha del otro jugador. De esta forma, puede llevarse varias fichas en una sola jugada.

• Gana quien se quede con todas las fichas de su contrincante.

OJO ESPÍA

 NINGUNO

🧑‍🤝‍🧑 2 Ó MÁS JUGADORES

➡️ A PARTIR DE 6 AÑOS

Objetivo del juego

ENCONTRAR UN OBJETO A PARTIR
DE SU PRIMERA LETRA.

*U*n jugador elige un objeto en el cuarto y empieza diciendo: "Veo, veo". Los demás jugadores le preguntan: "¿Qué ves?". El primer jugador responde: "Una cosita que empieza con la letra..." y dice la primera letra del objeto que eligió. Los otros jugadores deben encontrarlo. El primero en adivinar se convierte en el nuevo espía.

DIBUJA Y GANA

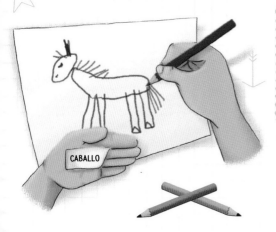

CABALLO

 PAPEL + COLORES

🧑‍🤝‍🧑 4 Ó MÁS JUGADORES

➡️ A PARTIR DE 7 AÑOS

Objetivo del juego

ADIVINAR PALABRAS CON DIBUJOS.

*C*ada jugador escribe en un pedazo de papel el nombre de una celebridad, un objeto, un animal, etc. El primer jugador saca un papel al azar. Debe hacer un dibujo para que los demás jugadores lo adivinen. Cada dibujo adivinado es un punto. El jugador con más puntos gana. Puede jugarse en equipos.

CHABADABADA

NINGUNO

2 Ó MÁS
JUGADORES

A PARTIR
DE 6 AÑOS

Objetivo del juego

ADIVINAR UNA CANCIÓN A PARTIR D[E]
UNAS CUANTAS PALABRAS CANTADA[S]

*U*n jugador canta un fragmento de una canción. Los otros deben adivinar el título y, de ser posible, completarla. Entonces el ganador propone un nuevo fragmento de canción. Se puede jugar en equipos.

ZANZÍBAR

PAPEL · LÁPIZ · 3 DADOS

2 Ó MÁS JUGADORES

A PARTIR DE 6 AÑOS

Objetivo del juego

SUMAR LA MAYOR CANTIDAD DE PUNTOS
EN 3 TURNOS.

*E*l primer jugador lanza los 3 dados al mismo tiempo. Si tiene un as (1), gana 100 puntos; si tiene un 6, gana 60 puntos. Los otros lados del dado (2, 3, 4, y 5) dan los mismos puntos que marca el dado: 2, 3, 4 y 5. Gana quien sume más puntos en 3 turnos.

INFORMACIÓN SECRETA

PAPEL · LÁPICES

3 Ó MÁS JUGADORES

A PARTIR DE 7 AÑOS

Objetivo del juego

DESCUBRIR QUIÉN SE ESCONDE TRAS UNA FRASE MISTERIOSA.

Cada jugador escribe en un papel un secreto o una información que nadie conozca. Se mezclan los papeles y se distribuyen entre los jugadores. Por turnos, cada uno lee la frase misteriosa que tiene entre las manos y debe adivinar a quién pertenece. Quien se equivoque queda eliminado.

ESPEJO

NINGUNO

A PARTIR DE 5 AÑOS

2 Ó MÁS JUGADORES (EN PARES)

Objetivo del juego

REPRODUCIR LOS GESTOS DEL OTRO COMO SI FUERA UN ESPEJO.

Los jugadores, de 2 en 2, se ponen frente a frente y deben comportarse como si estuvieran ante un espejo. Sus movimientos deben ser idénticos y estar coordinados. Uno lleva al otro y después se invierten los roles.

BASTA

PAPEL · LÁPICES

2 Ó MÁS JUGADORES

A PARTIR DE 7 AÑOS

Objetivo del juego

ENCONTRAR PALABRAS QUE EMPIECEN CON LA MISMA LETRA LO MÁS RÁPIDO POSIBLE.

Se escogen temas (frutas, nombres, países, etc.) y se hace una tabla como la de aquí abajo. Un jugador propone una letra y todos deben encontrar una palabra que empiece con esa letra para cada tema.

• Cuando un jugador termina, grita "¡Basta!" y empieza a contar: "Basta 1, basta 2, basta 3…". Al llegar a 10, todos dejan de escribir y se comparan las respuestas tema por tema.

Para contar los puntos:

➜ 2 puntos por una palabra que nadie más haya escrito;

LETRA	NOMBRE	COSA	ANIMAL	FLOR O FRUTO	PAÍS	PUNTUACIÓN

➜ 1 punto si varios jugadores pusieron la misma palabra;

➜ 0 puntos si no escribieron nada.

• Cada quien suma sus puntos. Otro jugador escoge otra letra y vuelven a empezar. Gana quien tenga más puntos al final de la partida.

SIETE

PAPEL · LÁPIZ · 2 DADOS

2 Ó MÁS JUGADORES

A PARTIR DE 8 AÑOS

Objetivo del juego

SUMAR LA MAYOR CANTIDAD DE PUNTOS SIN SACAR UN 7 AL LANZAR LOS DADOS.

*E*l primer jugador lanza los dados. Si la suma de ambos es igual a 7, le toca al siguiente jugador probar su suerte con los dados.

• Si el resultado obtenido no es 7, el jugador puede seguir jugando una o más veces: después de cada tirada debe anotar el resultado de la suma de los dos dados.

• Si saca 7, pierde todos los puntos acumulados y es el turno del siguiente jugador.

• Al final gana quien haya sumado más puntos.

BARCO, CAPITÁN Y EQUIPAJE

  PAPEL · LÁPIZ · 5 DADOS

 2 Ó MÁS JUGADORES

A PARTIR DE 6 AÑOS

Objetivo del juego

CONSEGUIR UNA SERIE Y LA MAYOR
CANTIDAD DE PUNTOS POSIBLE.

*E*l primer jugador lanza los 5 dados y debe obtener un 6 (el barco), un 5 (el capitán) y un 4 (el equipaje). Si no consigue un 6, debe volver a tirar todos los dados.

• Los 3 dados deben caer en la misma tirada o máximo en 3 tiradas, uno después del otro en el siguiente orden: 6/5/4. En cada tirada se apartan los dados útiles.

• En la tercera tirada, si ya se completó la serie, los 2 dados restantes sirven para calcular la cantidad de millas náuticas que avanzan el barco, el capitán y el equipaje.

• Gana quien recorra más millas.

21

NINGUNO

4 Ó MÁS JUGADORES

A PARTIR DE 7 AÑOS

Objetivo del juego

ENUMERAR LAS CIFRAS
Y MEMORIZAR LAS PALABRAS.

*L*os jugadores se sientan en círculo. El primero dice "1", el segundo "2" y así sucesivamente hasta "21".

• Quien diga el número "21" debe elegir una palabra en lugar de un número de la serie. Los jugadores tendrán que decir esa palabra hasta el final de la partida. Por ejemplo, si el jugador dice "árbol" en lugar del número "12", en la siguiente ronda a quien le toque el número "12" deberá decir "árbol". El siguiente que diga el número "21" tendrá que introducir otra palabra en la serie, por ejemplo "flor" en lugar del número "2".

• En cada turno hay cada vez menos números y más palabras. Quienes se equivoquen entre la palabra y el número deben cumplir un castigo impuesto por el grupo.

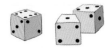

VERDADERO O FALSO

 PAPEL · LÁPIZ · 2 DADOS

 3 Ó MÁS JUGADORES

 A PARTIR DE 8 AÑOS

Objetivo del juego

DESCUBRIR SI UNA HISTORIA
ES VERDADERA O FALSA.

Los jugadores escriben nombres de personas o cosas en papelitos. Por turnos, sacan un papel al azar y lanzan un dado sin mostrar el resultado.

• Si sale un número par, el jugador cuenta una historia real a partir de la palabra que le tocó. Si es impar, inventa una historia.

• Los otros jugadores escuchan la historia y tratan de descubrir si es cierta o no. Quienes se equivoquen tienen que cumplir con un castigo. Quienes adivinen ganan un punto.

• Después de 10 historias, gana quien tenga más puntos.

¿VERDAD O RETO?

- 1 BOTELLA DE PLÁSTICO
- 3 Ó MÁS JUGADORES
- A PARTIR DE 5 AÑOS

Objetivo del juego

HACER LOS RETOS Y CONTESTAR LAS PREGUNTAS.

*L*os jugadores se sientan en círculo alrededor de la botella. Uno de ellos, el moderador en ese turno, hace girar la botella y, cuando ésta se detiene, le pregunta a la persona a la que apunta la boca de la botella: "¿Verdad o reto?".

• Una vez que el jugador elige, el moderador debe inventar una prueba. Por ejemplo: "Dale la vuelta al cuarto sobre un pie", para reto, o "¿Le has sacado la lengua a tu maestra?", para verdad.

• Si el jugador no quiere cumplir el reto o contestar la pregunta, queda eliminado. Gana el último que quede en el círculo.

MÚSICA, ¡STOP!

| MÚSICA |
| 3 Ó MÁS JUGADORES |
| A PARTIR DE 5 AÑOS |

Objetivo del juego

QUEDARSE EN EL JUEGO HASTA EL FINAL.

*E*l moderador pone la música. Los jugadores caminan o bailan en el espacio donde se encuentran.

• Cuando el moderador detiene la música, todos deben quedarse inmóviles, como estatuas, en 4 puntos (2 manos, 2 pies) durante 5 segundos. Quienes se muevan serán eliminados y deben sentarse aparte.

• En la siguiente ronda, continúan la música y el movimiento. Pero cuando se detiene la música, deben quedarse como estatuas en 3 puntos (2 pies y una mano, por ejemplo), después sobre 2 puntos y, por último, ¡en 1 punto!

• En cada vuelta, quien se mueva queda eliminado.

AS

5 DADOS

🧸 3 Ó MÁS JUGADORES

➡ A PARTIR DE 7 AÑOS

PONER EL ÚLTIMO AS EN EL CENTRO.

*E*l primer jugador tira los dados:

➜ Si consigue uno o varios ases (1), los pone en el centro de la mesa.

➜ Si tiene uno o varios 2, se los da al jugador de la izquierda.

➜ Si tiene uno o varios 5, se los da al jugador de la derecha.

• Luego tira de nuevo los dados restantes (3, 4 y/o 6) y sigue lanzándolos hasta que salga un 1, un 2 o un 5.

• Ahora le toca al jugador de la izquierda lanzar todos los dados, excepto los 1 que están en el centro. Gana quien ponga el último 1.

CUARTO DE MONO

NINGUNO

4 Ó MÁS JUGADORES

A PARTIR DE 7 AÑOS

Objetivo del juego

COMPLETAR LAS PALABRAS EMPEZADAS.

*U*n primer jugador elije una letra, el segundo jugador pone la siguiente, pensando en una palabra específica, y así sucesivamente hasta formar una palabra.

• El que no logre seguir con la palabra pierde. Por ejemplo, si los jugadores anteriores formaron la palabra "osos" en 4 turnos, el siguiente jugador pierde porque la palabra está terminada.

• Al primer error, te conviertes en un cuarto de mono. Al segundo error, en medio mono, y después, en tres cuartos de mono. Al cuarto error, eres un mono completo y quedas eliminado.

• Se le puede preguntar al jugador anterior la palabra en la que había pensado y, si dijo una letra sin pensar en una palabra, se convierte en un cuarto de mono.

ESCALERAS

PAPEL · LÁPIZ · 6 DADOS

2 Ó MÁS JUGADORES

A PARTIR DE 6 AÑOS

*E*l primer jugador lanza una sola vez los 6 dados. Si en la primera tirada consigue una escalera muy larga, 1/2/3/4/5/6, consigue 25 puntos. Si obtiene:

→ 1/2/3/4/5 y otra cara: 20 puntos

→ 1/2/3/4 y otras 2 caras: 15 puntos

→ 1/2/3 y otras 3 caras: 10 puntos

→ 1/2 y otras 4 caras: 5 puntos

• Una vez que ha contado sus puntos, le toca al siguiente jugador lanzar los dados y registrar su puntuación.

• Cuidado, cuando se consiguen 3 ases (1) en una sola tirada, se pierden todos los puntos.

• El primero en llegar a 100 puntos gana la partida.

DIRECTOR DE ORQUESTA

NINGUNO

4 Ó MÁS JUGADORES

A PARTIR DE 6 AÑOS

Objetivo del juego

ADIVINAR, OBSERVANDO, QUIÉN DIRIGE A LOS DEMÁS.

*U*n jugador sale del cuarto. Los demás se sientan en círculo y escogen al que será el director de orquesta.

• Empieza el juego. El director de orquesta hace gestos sin hablar (golpear sus rodillas, imitar a un violinista, etc.) y los demás deben imitarlo.

• Se llama al jugador que salió para que trate de adivinar quién es el director de orquesta. Este último debe cambiar de gestos sin que el jugador lo note. Si lo descubren, toma el lugar del observador.

PALABRAS Y GESTOS

1 RELOJ DE ARENA O UN
CRONÓMETRO · PAPEL ·
LÁPICES

4 Ó MÁS JUGADORES

A PARTIR DE 7 AÑOS

Objetivo del juego

LOGRAR QUE NUESTRO EQUIPO ADIVINE LA
MAYOR CANTIDAD DE PALABRAS HABLANDO
Y HACIENDO MÍMICA.

S e hacen dos equipos que juegan alternadamente. Los jugadores escriben en papelitos nombres de famosos, objetos, animales, etc.

• El juego se desarrolla en 3 partes, durante las cuales hay que lograr que nuestro equipo adivine la mayor cantidad posible de palabras en 30 segundos. Un jugador de cada equipo saca al azar un papelito y, en cuanto el equipo adivina esa palabra, saca otro.

→ **1ª parte:** debemos lograr que adivinen la palabra sin pronunciarla.

→ **2ª parte:** podemos decir sólo una palabra, como clave.

→ **3ª parte:** debemos hacer mímica, sin hablar.

• Si el jugador que actúa las palabras se bloquea, puede saltarse el papelito.

• El equipo puede dar todas las respuestas que quiera hasta adivinar.

• Cada palabra adivinada da un punto al equipo. Los puntos se cuentan al final de cada parte. Gana el equipo con más puntos al final de las 3 partes.

8 AMERICANO

 1 BARAJA DE 52 CARTAS

 2 Ó MÁS JUGADORES

 A PARTIR DE 7 AÑOS

Objetivo del juego

DESHACERSE DE TODAS LAS CARTAS.

*E*l repartidor distribuye 8 cartas a cada jugador, deja las cartas que sobran para formar el mazo y pone una carta volteada boca arriba al lado para hacer "el descarte".

• El juego empieza con el jugador que está al lado del repartidor en el sentido de las manecillas del reloj.

• Cada jugador pone una carta de su elección en el descarte: una carta del mismo palo (tréboles, picas...), una carta del mismo valor (cifra o figura) o un 8.

· Algunas cartas tienen una función especial:

➡ Los 2 hacen que el jugador siguiente tome dos cartas del mazo y pierda su turno.

➡ Los 7 hacen que el jugador siguiente pierda su turno.

➡ Los 8 permiten cambiar de palo en cualquier momento anunciándolo a los demás.

➡ Los ases (1) cambian el sentido del juego.

· Cuando un jugador no puede jugar, toma una carta del mazo y, si puede ponerla en el descarte, lo hace de inmediato. Cuando se termina el mazo, se barajan las cartas del descarte y se hace un nuevo mazo con ellas.

· Cuando a un jugador sólo le queda una carta, debe decir "carta" y tratar de deshacerse de ella en el siguiente turno.

GENERALA

Objetivo del juego

- 1 HOJA DE PUNTAJE · 5 DADOS
  · LÁPIZ

- 2 Ó MÁS JUGADORES

- A PARTIR DE 8 AÑOS

HACER COMBINACIONES PARA SUMAR LA MAYOR CANTIDAD DE PUNTOS.

Se debe hacer una hoja de puntaje como la de abajo con las iniciales de cada jugador hasta arriba de cada columna. Se juega cada línea, una tras otra.

· En el sentido de las manecillas del reloj, cada jugador lanza los 5 dados y tiene 3 tiradas por turno.

· Dependiendo de la combinación que quiera obtener (un máximo de 1 o de 3, un trío, un póker, etc.), vuelve a tirar todos o parte de los dados en cada uno de sus tiros.

➜ **Trío:** tres dados del mismo valor.

JUGADORES			
TOTAL DE 1			
TOTAL DE 2			
TOTAL DE 3			
TOTAL DE 4			
TOTAL DE 5			
TOTAL DE 6			
TOTAL			
SI EL TOTAL SUPERA LOS 63 PUNTOS, HAY UN BONO DE 35 PUNTOS			
TOTAL DE LA PARTIDA 1			
TRÍO (TOTAL DE 3 DADOS)			
PÓKER (TOTAL DE 4 DADOS)			
FULL (25 PUNTOS)			
ESCALERA CORTA (30 PUNTOS)			
ESCALERA LARGA (40 PUNTOS)			
GENERALA (50 PUNTOS)			
LIBRE (TOTAL DE LOS 5 DADOS)			
TOTAL DE LA PARTIDA 2			
TOTAL			

→ **Póker:** cuatro dados del mismo valor.

→ **Full :** tres dados de un mismo valor y los otros dos de otro mismo valor.

→ **Escalera corta:** 1/2/3/4/5.

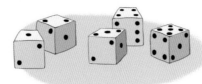

→ **Escalera larga:** 2/3/4/5/6.

→ **Generala:** cinco dados del mismo valor.

→ **Libre:** suma de los 5 dados.

• En cada turno, el jugador registra su puntaje en una de las casillas de la hoja: el número de puntos ganados o "x", si no sacó nada.

• Cuando el total intermedio (la suma de los puntos obtenidos con 1, 2, 3, etc.) es igual o superior a 63 puntos, se obtiene un bono de 35 puntos.

• Gana quien tenga más puntos al final de los 13 turnos.

PAR DE GATOS

1 BARAJA DE 52 CARTAS

3 Ó MÁS JUGADORES

A PARTIR DE 6 AÑOS

Objetivo del juego

DESHACERSE DE TODOS LOS PARES.

Se empieza eligiendo una carta de la baraja para que sea el gato (por ejemplo, el joto de picas) y se elimina la carta con la que hace par (joto de tréboles).

• Las cartas restantes se distribuyen a los jugadores, de una en una y volteadas hacia abajo.

• Cada quien mira su juego y pone en un montón, boca abajo, los pares de cartas con el mismo palo y valor.

• Empieza el jugador que tenga la menor cantidad de cartas en mano. Roba una carta al azar del juego del vecino de la izquierda. Si con ella logra formar un par, se deshace de él y lo pone en el montón.

• El jugador a la izquierda del primero roba una carta al jugador de su izquierda y así sucesivamente.

• El juego sigue hasta que sólo quede en juego el gato. El jugador que lo tenga es quien pierde.

KIM DE LOS 5 SENTIDOS

10 OBJETOS DIFERENTES
· COMIDA · PAÑUELOS
DE TELA

3 Ó MÁS JUGADORES

A PARTIR DE 5 AÑOS

Objetivo del juego

RECONOCER O MEMORIZAR LOS OBJETOS CON
AYUDA DE LOS 5 SENTIDOS.

Uno de los jugadores será el moderador. Para **la vista,** el moderador pone 5 objetos en la mesa y los jugadores los observan durante 2 minutos. Después se voltean. El moderador agrega, quita, cambia o mueve un objeto. Los jugadores deben descubrir cuál fue.

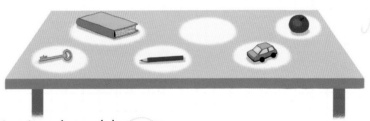

· Los jugadores deben vendarse los ojos para los siguientes sentidos.

· Para **el olfato,** el moderador hace que los jugadores olfateen los olores que deben identificar: flores, miel, frutas, madera, etc.

• Para **el oído,** el moderador los pone a escuchar sonidos que deben reconocer: agua que corre, tos, chasquido de dedos, etc.

• Para **el gusto,** el moderador les da a probar diferentes alimentos para que los adivinen: especias, chocolate, frutas, etc.

• Para **el tacto,** después de haber puesto algunos objetos en una bolsa (algodón, ramas, papel aluminio, etc.), el moderador deja que los jugadores los toquen para identificarlos.

• Cuando todos los objetos han sido reconocidos, gana quien haya dado más respuestas correctas.

PRESIDENTE

 1 BARAJA DE 52 CARTAS

 4 Ó MÁS JUGADORES

 A PARTIR DE 8 AÑOS

Objetivo del juego

DESHACERSE DE TODAS LAS CARTAS.

S e distribuyen todas las cartas. El primer jugador pone una carta simple, un par (2 cartas del mismo valor), un trío, etc. del valor que quiera. La carta más alta es el 2. Le siguen el as, el rey, la dama, etc. El 3 es la carta más baja.

• El siguiente jugador debe superar al anterior con el mismo número de cartas, del mismo valor o un valor más alto.

• Se puede pasar, pero se pierden los turnos de toda la mano. Cuando ya nadie puede jugar, se libera la mesa. El último en jugar toma la mano y abre el siguiente turno.

• El primero en deshacerse de todas sus cartas es el "presidente", el segundo, el "vicepresidente", el tercero, el "lame botas" y el último, el "zonzo".

• En la siguiente partida, este último da sus 2 mejores cartas al "presidente", quien a cambio le da 2 cartas de su elección. El "lame botas" entrega su mejor carta al "vicepresidente", quien a cambio le da una carta de su elección.

 # CUADRADO

1 BARAJA DE 52 CARTAS

4 Ó MÁS JUGADORES
(EN PARES)

A PARTIR DE 7 AÑOS

Objetivo del juego

SER LA PRIMERA PAREJA EN JUNTAR 4 CARTAS
DEL MISMO VALOR Y GRITAR "CUADRADO".

*L*os jugadores se dividen en parejas.
Cada pareja acuerda una señal
secreta (por ejemplo, tocarse la nariz)
y sus miembros se sientan uno frente
al otro en diagonal. El repartidor
distribuye 4 cartas a cada jugador y
pone otras 4 boca arriba sobre la mesa.
Si se reciben 3 cartas con el mismo
valor, hay que tomar otras.

• Cuando el repartidor lo
anuncia, los jugadores
pueden intercambiar
sus cartas una por una
con las de la mesa para
tener en mano 4 cartas
del mismo valor.

• Cuando las cartas
comunes ya no le sirven
a nadie, el repartidor las
reemplaza con 4 nuevas.

• En cuanto un jugador junta 4 cartas idénticas, le hace la señal acordada a su compañero, quien debe gritar "¡cuadrado!". El equipo gana un punto.

• Si el compañero también tiene 4 cartas iguales, puede gritar "¡doble cuadrado!" y el equipo gana 2 puntos.

• Si uno de los jugadores cree haber visto a su adversario hacer una señal, puede gritar "¡contra cuadrado!". Si tiene razón, su equipo gana un punto y los otros deben cambiar de señal. Si no, el adversario debe enseñar 2 cartas diferentes y su equipo se lleva un punto. El juego sigue.

• Gana el equipo que llegue a 10 puntos.

Manzanas en el agua

🖊 1 CUBETA GRANDE
AGUA · MANZANAS

👫 2 Ó MÁS JUGADORES

➡ A PARTIR DE 6 AÑOS

Objetivo del juego

ATRAPAR UNA MANZANA
CON LA BOCA.

Se meten las manzanas en una cubeta con agua. Los jugadores se ponen las manos detrás de la espalda y, por turnos, intentan agarrar una manzana con la boca. El primero en lograrlo gana.

Tira todo

🖊 10 LATAS
· 3 PELOTAS DE TENIS

👫 3 Ó MÁS JUGADORES

➡ A PARTIR DE 5 AÑOS

Objetivo del juego

TIRAR LA MAYOR CANTIDAD DE LATAS.

Hay que hacer una pirámide con las latas y dibujar una línea a unos cuantos metros para ubicar al tirador. Cada jugador debe tirar la mayor cantidad de latas lanzando 3 pelotas. También se pueden escribir puntos en las latas para llevar el marcador. Gana el que tenga la mayor cantidad de puntos.

Sardinas enlatadas

NINGUNO

🧸 3 Ó MÁS JUGADORES

➡ A PARTIR DE 5 AÑOS

Objetivo del juego

NO SER EL ÚLTIMO QUE SE QUEDE BUSCANDO.

Un jugador debe esconderse en un escondite grande mientras los otros cierran los ojos durante 5 minutos. Cuando uno de los jugadores lo encuentra, se esconde con él. El juego sigue hasta que sólo quede un jugador buscando: ¡es el que pierde!

Pisar el globo

GLOBOS + HILOS

🧸 3 Ó MÁS JUGADORES

➡ A PARTIR DE 6 AÑOS

Objetivo del juego

QUEDARSE CON SU GLOBO HASTA EL FINAL.

Cada uno infla su globo y se lo amarra al tobillo. Con las manos en la espalda, hay que tronar el globo de los demás usando únicamente los pies. Los que tengan el globo reventado quedan eliminados. Gana quien conserve su globo intacto.

Hilo de Ariadna

1 BOLA DE ESTAMBRE · 1 PAÑUELO ·
1 CRONÓMETRO · PINZAS DE ROPA

3 Ó MÁS JUGADORES

A PARTIR DE 6 AÑOS

TERMINAR EL RECORRIDO
LO ANTES POSIBLE.

Se enreda el estambre entre los árboles para formar un recorrido con obstáculos (por ejemplo: estambre a ras del suelo, pinzas de ropa en el estambre, objetos en el piso, etc.). Los jugadores serán cronometrados y tendrán los ojos vendados. Cada jugador debe seguir el hilo de Ariadna con las manos hasta la meta. Gana el más rápido.

Jalar la cuerda

1 CUERDA DE 10 METROS · 1 PAÑUELO

4 Ó MÁS JUGADORES

A PARTIR DE 6 AÑOS

JALAR AL EQUIPO CONTRARIO HASTA EL OTRO LADO.

Se amarra un pañuelo a la mitad de la cuerda y se marcan en el piso los límites para cada equipo, a uno y otro lado del pañuelo. Cada equipo debe jalar de la cuerda para hacer que los adversarios superen el límite marcado. Pierde el equipo que pasa el límite y llega al lado contrario.

Carrera de costales

BOLSAS DE BASURA GRANDES O COSTALES DE HARINA O CEMENTO

 2 Ó MÁS JUGADORES

A PARTIR DE 5 AÑOS

Objetivo del juego

GANAR LA CARRERA.

Se marca un punto de partida y una meta. Los jugadores se meten en uno de los costales y lo sostienen con las manos a la altura de la cintura. Se ponen en la marca de partida.

• "En sus marcas, listos, ¡fuera!" Gana el primero en llegar a la meta.

• *Variantes:* carrera de obstáculos, de carretillas, de relevos, con los pies amarrados, de cojito, a gatas, etc.

Camino al revés

1 GIS + 1 ESPEJO
+ 1 CRONÓMETRO

3 Ó MÁS JUGADORES

A PARTIR DE 7 AÑOS

Se dibuja en el piso un recorrido en zigzag con un punto de partida y una meta.

• Cada jugador debe seguir la línea en reversa usando un espejo para ver el camino detrás de sí. No tiene permitido girar la cabeza.

• Si un jugador se aleja mucho de la línea, debe volver a empezar.

• Gana quien tarde menos en llegar.

Rey sin trono

1 CUBETA · 1 RAQUETA
· 1 PELOTA

4 Ó MÁS JUGADORES

A PARTIR DE 5 AÑOS

Objetivo del juego

MANTENER EL EQUILIBRIO A
PESAR DE LOS ATAQUES.

Se dibuja en el piso un pequeño círculo para el trono, dentro de un gran círculo que será la línea de tiro.

• Se pone la cubeta boca abajo en el centro del círculo pequeño.

• Se designa al jugador que será el rey. Éste se sube al balde con una raqueta para defender su trono.

• Los demás jugadores se ponen detrás de la línea de tiro y, por turnos, lanzan la pelota hacia la cubeta para que el rey pierda el equilibrio.

• Si el rey cae, toma su turno el último en haber lanzado la pelota.

Dientes marinos

NINGUNO

4 Ó MÁS JUGADORES

A PARTIR DE 5 AÑOS

Objetivo del juego

NO DEJAR QUE TE TOQUE EL TIBURÓN.

Se delimita el terreno de juego y se elige quién será el tiburón. El elegido tendrá que tocar las piernas de los otros jugadores.

• Cuando toca a un jugador, éste debe moverse manteniendo la mano en el lugar donde fue tocado. El tiburón no puede volver a tocarlo de inmediato; antes debe tocar a otro jugador.

• Si toca a un jugador por segunda vez, éste pierde la partida. El tiburón gana si logra eliminar a todos los jugadores en 5 minutos.

Juego de las sillas

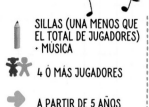

SILLAS (UNA MENOS QUE
EL TOTAL DE JUGADORES)
+ MÚSICA

4 Ó MÁS JUGADORES

A PARTIR DE 5 AÑOS

Objetivo del juego

LOGRAR SENTARSE EN UNA SILLA
HASTA EL FINAL DEL JUEGO.

Se acomodan las sillas en círculo mirando hacia afuera.

• El moderador pone música y los jugadores
deben moverse y bailar alrededor de las sillas.

• Cuando el moderador detiene la música, todos los jugadores
tratan de sentarse. El que se queda sin silla sale del juego.

• En cada turno se
quita una silla y el
juego sigue. Cuando
quedan 2 jugadores
y 1 sola silla, gana el
primero en sentarse.

• *Variante:* el moderador puede elegir apagar la luz.
Al prenderla se ve quién quedó de pie.

Pingüinos sobre hielo

HOJAS DE PERIÓDICO
O DE REÚSO + MÚSICA

4 Ó MÁS JUGADORES

A PARTIR DE 5 AÑOS

Objetivo del juego

QUEDARSE EL MAYOR TIEMPO
POSIBLE SOBRE EL HIELO.

$\mathcal{S}$e crea el banco de hielo con varias hojas de periódico. Los jugadores se ponen a los lados. Cuando suena la música, los pingüinos se pasean hasta que el moderador la detiene. Entonces los pingüinos deben juntarse sobre el hielo.

• Cada vez que vuelve a sonar la música, el hielo se derrite y el moderador quita una hoja. Los pingüinos se aprietan al máximo, pero algunos no encuentran lugar y son eliminados.

• El juego se detiene cuando ya sólo queda un pingüino: ¡el rey del banco de hielo!

La pista del oso

Objetivo del juego

ENCONTRAR EL ALMUERZO QUE ROBÓ EL OSO.

Para preparar el juego, se hace una marca en un árbol al principio de un camino en el bosque. A lo largo del camino se ponen mensajes que contienen pruebas: adivinanzas, obstáculos, acertijos, etc. Los jugadores se dividen en equipos.

• Comienza el juego. El almuerzo desapareció: ¡seguro se lo robó el oso!

• Cada equipo debe encontrar las pistas que dejó el oso para seguir el camino correcto y encontrar los mensajes. Después de leerlos, deben ponerlos de nuevo en su lugar para el siguiente equipo.

• Cuando encuentran el almuerzo, ¡todos se sientan a disfrutarlo!

Canto de guerra

 PAÑUELOS

6 Ó MÁS JUGADORES

A PARTIR DE 7 AÑOS

Objetivo del juego

ENCONTRAR SU CAMPO ESCUCHANDO
SU CANTO DE GUERRA.

*L*os jugadores se dividen en 2 o 3 equipos. Cada uno escoge su campo, un canto de guerra y al primer jugador que llevará los ojos vendados. Cada jugador tendrá este papel en su turno.

• Los jugadores que tienen los ojos vendados pasan al centro del terreno de juego. Los otros empiezan su canto de guerra. Cada jugador debe encontrar a su equipo siguiendo su canto.

• El primero en encontrar a su equipo gana un punto. Gana el equipo con más puntos después de haber pasado todos los jugadores.

Tomate

1 BALÓN

6 Ó MÁS JUGADORES

A PARTIR DE 6 AÑOS

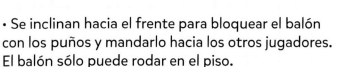
Objetivo del juego

ELIMINAR A LOS JUGADORES UNO POR UNO HACIENDO
PASAR EL BALÓN ENTRE SUS PIERNAS.

*L*os jugadores se ponen de pie en un círculo, con las piernas separadas y los pies pegados a los de su vecino.

• Se inclinan hacia el frente para bloquear el balón con los puños y mandarlo hacia los otros jugadores. El balón sólo puede rodar en el piso.

• Cuando el balón sale del círculo, el jugador que lo dejó pasar entre sus piernas queda eliminado. Los jugadores se acomodan y vuelven a empezar.

• Gana el que quede al último.

La red del pescador

NINGUNO

8 Ó MÁS JUGADORES

A PARTIR DE 6 AÑOS

Objetivo del juego

SER UN PEZ LIBRE EL MAYOR
TIEMPO POSIBLE.

Se hacen 2 equipos: "la red" y "los peces". Los jugadores de la red eligen en secreto un número que será su señal.

• Luego hacen una ronda levantando los brazos para que los peces puedan ir y venir entre sus hilos, y empiezan a contar en voz alta.

• Al escuchar la señal, los jugadores de la red bajan los brazos para atrapar a los peces. Los que quedan en medio se convierten en parte de la red y se unen a la ronda.

• El último pez libre gana. Los grupos cambian sus roles y empieza una nueva partida.

Sombrero

Objetivo del juego

ATRAPAR EL SOMBRERO ANTES QUE LOS DEMÁS.

Se hacen 2 equipos y se ponen en línea uno frente al otro, con el sombrero en medio a 4 metros, por ejemplo.

• A cada jugador se le asigna un número: debe haber los mismos números en los 2 equipos.

• El moderador llama a uno o varios números:

➜ 1 jugador va corriendo;
➜ 2 jugadores van en carretilla;
➜ 3 jugadores van en hamaca;
➜ "ensalada": todos van al centro.

• Los jugadores designados deben hacerse con el sombrero y llevárselo a su lado corriendo, sin ser tocados por los jugadores del equipo contrario.

• Un jugador tocado equivale a un punto.

• El juego se detiene cuando cada jugador ha sido llamado al menos 2 veces.

• Gana el equipo con más puntos.

Investigación policiaca

Objetivo del juego

ENCONTRAR AL CULPABLE.

 PAPEL · LÁPIZ

 4 Ó MÁS JUGADORES

 A PARTIR DE 8 AÑOS

*L*os detectives deben encontrar al culpable de un robo, de una obra de arte o un animal del zoológico, por ejemplo.

· Se hace una lista de 8 sospechosos potenciales, entre los que se encuentra el culpable. Se hace el perfil de cada uno:

→ su edad;

→ su descripción física
(color de ojos y cabello, estatura, peso, etc.);

→ su trabajo;

→ su móvil (el motivo por el que cometió el crimen).

• Para 7 de los 8 sospechosos se inventa una coartada, que debe descubrirse con ayuda de acertijos, adivinanzas, charadas, códigos secretos o cartas anónimas que demuestren su inocencia. Cada enigma debe ponerse en un escondite.

• Comienza el juego. Después de leer la historia inicial y distribuir la lista de los sospechosos de la investigación, el moderador guía a los detectives hacia el primer escondite.

• Cuando encuentran y resuelven el primer enigma, pueden tachar a un sospechoso de la lista. El moderador los guía entonces hacia el segundo escondite y así sucesivamente.

• Luego de resolver los 7 enigmas, sólo queda un sospechoso: el culpable.

En busca del tesoro

HOJAS DE COLORES · LÁPIZ
· 1 SOMBRERO (O 1 BOLSITA)

6 Ó MÁS JUGADORES

A PARTIR DE 7 AÑOS

*D*ebe haber la misma cantidad de hojas de colores que  de equipos. En cada hoja se dibuja el mapa del tesoro. Se recortan las hojas en varias partes (la misma cantidad para todos los equipos) y, por el reverso, se escribe en cada pedazo:

➜ una prueba física (seguir el hilo de Ariadna con los ojos vendados, orientarse con una brújula, caminar respetando una cantidad de pasos determinada, etc.);

➜ un enigma o una adivinanza que dé una pista para el siguiente escondite.

Todas las piezas del rompecabezas se esconden en un espacio grande.

• Se pone un pedazo de hoja de cada color en el sombrero y cada equipo saca uno al azar. Deben hacer el rompecabezas del color que les tocó, encontrando todos los pedazos y pasando todas las pruebas lo más rápido posible.

• El equipo ganador es el primero en encontrar el tesoro. Por suerte, ¡los aventureros saben compartir su botín!

Lanzamiento musical

Objetivo del juego

APRENDERSE Y TOCAR EL RITMO DE UNA CANCIÓN LO MÁS RÁPIDO POSIBLE.

*L*os jugadores se agrupan en equipos de 4 y se enumeran del 1 al 4. El moderador entrega a cada grupo un instrumento musical (tambor, maracas, etc.).

· Se ponen 4 bases en el terreno de juego, en línea, bien separadas entre sí e identificadas con un pañuelo en el piso.

· Todos los números 1 se ponen al lado del primer pañuelo, los 2 al lado del segundo y así sucesivamente.

· Cada número 1 debe recordar el ritmo de una canción conocida que tocará el moderador con el instrumento de su equipo.

• Cuando el moderador da la señal, todos los 1 deben correr hacia el segundo pañuelo para enseñarle el ritmo a los 2 de su equipo.

• Después de escuchar con atención, los 2 deben ir hacia el tercer pañuelo y enseñarle el ritmo a los 3 de su equipo.

• Para terminar, los 3 corren con los 4 para enseñarles el ritmo.

• El primer número 4 en llegar con el moderador y enseñarle el ritmo correcto da el triunfo a su equipo. Si el ritmo está mal, gana el siguiente equipo, siempre y cuando reproduzca bien el ritmo.

Juego gigante de la oca

1 GIS · 2 DADOS

8 Ó MÁS JUGADORES

➡ A PARTIR DE 7 AÑOS

Objetivo del juego

LLEGAR A LA CASILLA 63 CON LA MAYOR CANTIDAD DE PUNTOS.

*L*os jugadores se agrupan en equipos y son las fichas: se mueven lanzando ambos dados.

• En el piso se dibujan con gis 63 casillas, como en la imagen, empezando por el centro de la espiral. Se anotan retos específicos del juego de la oca, por ejemplo:

➡ volver a la casilla de partida;

➡ regresar 5 casillas;

➡ pasar 2 veces;

➡ tirar dos veces seguidas.

• También se incluyen pruebas físicas y mentales:

➡ darle la vuelta al juego sobre un pie;

➡ escribir con gis con los pies;

➡ reconocer a una persona con los ojos vendados;

➡ tirar la mayor cantidad de latas con 3 pelotas;

➡ cantar una canción infantil;

➡ decir cinco palabras que empiecen con j;

➡ resolver enigmas y adivinanzas.

• Cada prueba superada da puntos. Gana el equipo que tenga la mayor cantidad de puntos al llegar a la casilla 63.

¡A caballo!

🏃 8 Ó MÁS JUGADORES (EN PARES)

➡ A PARTIR DE 7 AÑOS

 Objetivo del juego

AGARRAR UN PAÑUELO DEL CENTRO
ANTES QUE LOS DEMÁS.

*L*os jugadores se ponen en círculo de 2 en 2. El moderador pone en el centro la misma cantidad de pañuelos que de parejas, menos uno, y grita: "¡A caballo!".

• En cada pareja, uno de los jugadores se sube en la espalda de su compañero.

• Cuando ya están todos montados a caballo, el moderador dice, claro y fuerte: "Caballeros, ¡en marcha!". Los caballeros bajan de sus caballos y corren lo más rápido posible alrededor del círculo en el sentido de las manecillas del reloj hasta regresar a su caballo. Entonces deben pasar debajo de sus piernas y lanzarse al centro del círculo para agarrar uno de los pañuelos, volver a su caballo y montarlo.

• El caballero que llega al último no tiene pañuelo y su equipo queda eliminado. El moderador quita un pañuelo y las rondas siguen. Gana la pareja que queda al final.

Beis

4 AROS
- 1 PELOTA DE TENIS
- 1 RAQUETA

🧒 8 Ó MÁS JUGADORES

➡️ A PARTIR DE 6 AÑOS

Objetivo del juego

DAR LA MAYOR CANTIDAD DE VUELTAS AL CAMPO PASANDO POR CADA BASE PARA GANAR PUNTOS.

Se forman 2 equipos: **bateadores y receptores.** Se hace un círculo grande en el piso con los aros, que representan las bases. Entre la primera y la cuarta, se dibuja en el piso la zona del lanzador y, en frente, hacia el exterior del círculo, la de los bateadores.

• Los bateadores van a su zona. Los receptores eligen un lanzador. Sus compañeros de equipo se colocan en el círculo definido por las bases. No tienen permitido caminar hacia la pelota.

• **El lanzador,** que no puede salir de su base, lanza la pelota al primer bateador, quien debe darle con la raqueta para mandarla lo más lejos posible hacia la zona de los receptores. Tiene 3 oportunidades antes de ser eliminado.

• Si **los receptores** atrapan la pelota antes de que toque el piso, se invierten los roles.

· Si **el bateador** logra golpear la pelota y que toque el piso, debe correr lo más rápido posible de base en base hasta que uno de los receptores devuelva la pelota al lanzador (debe lanzársela, no pueden moverse cuando tienen la pelota en las manos). El lanzador grita: "¡alto!" y el bateador deja de correr.

➜ Si en ese momento el bateador está entre dos bases, queda eliminado.

➜ Si está en una base, debe quedarse en ella hasta que el siguiente bateador golpee la pelota. Entonces podrá seguir avanzando de base en base hasta el siguiente "¡alto!".

· Cuando uno de los bateadores completa una vuelta, su equipo se lleva un punto. Si completa la vuelta antes de que la pelota regrese al lanzador, gana 2 puntos.

· Cuando han pasado todos los bateadores, se intercambian los roles. Al final, gana el equipo que tenga más puntos.

Gallinas, zorros y víboras

PAÑUELOS DE 3 COLORES
DIFERENTES, SUFICIENTES
PARA TODOS LOS JUGADORES

🧸 15 Ó MÁS JUGADORES

➡ A PARTIR DE 5 AÑOS

Objetivo del juego

NO DEJAR QUE TE ATRAPE
UN DEPREDADOR.

Se forman 3 equipos con la misma cantidad de jugadores (entre 5 y 10): son las gallinas, los zorros y las víboras. Los participantes son cazadores y presas a la vez.

• Cada jugador se amarra un pañuelo en la cintura del color que represente a su equipo.

• Cada equipo delimita en el suelo una zona para descansar: será su campo.

• Cuando el moderador da la señal de inicio, todos salen de su campo para ir al terreno de juego.

• **Las gallinas** deben atrapar a las víboras; **las víboras** deben picar a los zorros; **los zorros** deben comerse a las gallinas.

• Para atrapar a alguien, hay que agarrar su pañuelo con una mano en la espalda. Los jugadores atrapados por un depredador son eliminados.

• El juego termina cuando todos los jugadores de un equipo han sido atrapados.

• *Variante:* en lugar de ser eliminado, el jugador es llevado al campo de su depredador sin que nadie pueda tocarlo. Los prisioneros se agarran de las manos para formar una cadena, manteniendo siempre un pie dentro del campo. Para liberarlos, un jugador de su propio equipo debe tocarlos.

HULA-HULA

AROS

2 Ó MÁS JUGADORES

A PARTIR DE 5 AÑOS

Objetivo del juego

HACER GIRAR EL ARO
SIN TIRARLO.

Uno se pone el aro en la cintura y lo hace dar vueltas girando la cadera con ritmo. Gana quien logre hacerlo girar durante más tiempo sin dejarlo caer. *Variantes*: se pueden usar 2 o 3 aros al mismo tiempo o ponérselos en los brazos, las piernas o el cuello.

¡AUXILIO! ¡TIBURONES!

GISES DE COLORES

2 Ó MÁS JUGADORES

A PARTIR DE 5 AÑOS

Objetivo del juego

SALTAR PARA EVITAR LOS TIBURONES.

Con los gises se dibujan en el piso círculos que serán las "playas". Entre ellos se pinta el agua del mar con azul y con blanco las aletas de los tiburones. Los jugadores saltan de una playa a otra por encima de las aletas blancas para evitar que los tiburones los muerdan y los eliminen. Gana quien logre terminar el recorrido sin caer al mar.

PELOTA EN LA BARBILLA

PELOTAS DE ESPUMA

6 Ó MÁS JUGADORES

A PARTIR DE 6 AÑOS

Objetivo del juego

PASARSE LA PELOTA SIN USAR LAS MANOS NI LOS PIES.

*L*os equipos se acomodan en 2 o 3 filas. Los jugadores deben tomar la pelota sólo con la barbilla y pasársela lo más rápido posible sin usar ni las manos ni los pies. Si la pelota se cae, pierden. Gana el primer equipo que logre pasar su pelota al otro extremo de la fila.

¡CARRERAS!

1 GIS

2 Ó MÁS JUGADORES

A PARTIR DE 5 AÑOS

Objetivo del juego

LLEGAR A LA META ANTES QUE TODOS.

*S*e trazan líneas de partida y de llegada. Después se escoge la forma de desplazamiento: de reversa, pegando un pie al otro en cada paso, corriendo, saltando de cojito o con los pies juntos, etc. ¡El primero en llegar gana la carrera!

SALTO DE LONGITUD

- 1 GIS
- 2 Ó MÁS JUGADORES
- A PARTIR DE 6 AÑOS

Objetivo del juego

SALTAR
SOBRE LAS LÍNEAS.

Se dibujan en el piso líneas paralelas a distancias iguales. Los jugadores deben saltar de una línea a otra como campeones de salto de longitud. El que pierde debe superar un reto, por ejemplo: saltar de cojito de un lado a otro de una línea durante 20 segundos.

LAS TRAES

- NINGUNO
- 3 Ó MÁS JUGADORES
- A PARTIR DE 5 AÑOS

Objetivo del juego

ATRAPAR A LOS DEMÁS TOCÁNDOLOS.

Se designa a un jugador para que sea el que "las trae" y persiga a los demás. Cuando éste toca a alguien, debe decirle "¡tú las traes!" e intercambiar lugares con él. Para escapar de quien "las trae", que ya no podrá tocarlos, los jugadores pueden subirse a una silla o un banco.

CONGELADOS

NINGUNO

3 Ó MÁS JUGADORES

A PARTIR DE 5 AÑOS

Objetivo del juego

ATRAPAR A LOS OTROS
JUGADORES TOCÁNDOLOS.

Se designa a un jugador para que persiga a los demás. Quien sea tocado por él, queda "congelado" y debe permanecer inmóvil con las piernas abiertas durante 30 segundos. Si otro jugador pasa por debajo de sus piernas, lo "descongela" y el jugador puede volver a correr. Si nadie logra "descongelarlo", toma el lugar de quien persigue y el juego continúa.

LA PAPA CALIENTE

1 BALÓN

6 Ó MÁS JUGADORES

A PARTIR DE 5 AÑOS

Objetivo del juego

ATRAPAR EL BALÓN.

Los jugadores se ponen en círculo y empiezan a lanzarse el balón unos a otros cantando: "La papa caliente estaba en el sartén, tenía mucho aceite, ¿quién se quemó? ¡Una, dos, tres!". Quien se quede con el balón en el momento de decir el número 3, se quema y queda eliminado. Gana el último que quede en el juego.

TIRO AL BLANCO

4 AROS · 1 GIS ·
3 PELOTAS DE MALABARES

2 Ó MÁS JUGADORES

A PARTIR DE 6 AÑOS

Objetivo del juego

DARLE A LOS BLANCOS PARA CONSEGUIR
LA MAYOR CANTIDAD DE PUNTOS.

Se colocan 4 aros en el piso a manera de blancos, cada vez más alejados. En su centro se escribe con gis un número de puntos cada vez mayor:
10, 25, 50, 100.

100

50

· A 3 metros del primer aro se dibuja la línea de tiro.

25

10

· Cada jugador tiene derecho a lanzar 3 pelotas para darle a los blancos y conseguir la mayor cantidad de puntos. Gana quien sume más puntos.

SALTAR LA CUERDA

Objetivo del juego

SALTAR SIN ENREDARSE LO PIES
EN LA CUERDA.

C **arrera:** para ganar, hay que saltar la cuerda hasta alcanzar la meta, trazada con gis en el suelo.

• **Dúo :** se toma al compañero por la cintura. Cada uno toma un extremo de la cuerda con la mano que tiene libre. ¡Deben dar la mayor cantidad de saltos juntos!

• **Carrusel:**
los jugadores se ponen en círculo en torno al moderador. Éste sostiene la cuerda por un extremo y la hace girar a su alrededor al ras del suelo. Los jugadores deben saltar sobre la cuerda sin tocarla. Si la tocan, son eliminados. Gana el último que queda en el círculo. Se puede cambiar el sentido de rotación, aumentar la velocidad u ondear la cuerda.

ENREDADOS

2 GISES DE COLORES · 1 DADO

3 Ó MÁS JUGADORES

A PARTIR DE 6 AÑOS

Objetivo del juego

MANTENER EL EQUILIBRIO CON LOS PIES Y LAS MANOS EN LOS CÍRCULOS.

Se dibujan en el suelo 6 círculos, uno junto a otro, numerados del 1 al 3 con un color (para las manos) y del 4 al 6 con otro color (para los pies).

• Los jugadores tienen que mantener el equilibrio poniendo una mano y/o un pie en los diferentes círculos al mismo tiempo.

• Por turnos, cada jugador tira el dado para saber qué círculo lo espera. Las manos y/o los pies que ya tenga colocados en un círculo debe mantenerlos allí.

• Los jugadores que se caigan quedan eliminados. Gana quien se mantenga más tiempo en equilibrio.

1, 2, 3 ¡CALABAZA!

 NINGUNO

 4 Ó MÁS JUGADORES

 A PARTIR DE 5 AÑOS

 *Objetivo del juego*

TOCAR LA PARED SIN QUE TE ATRAPEN.

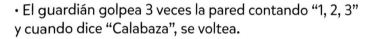

Un guardián se pone de cara a la pared. Los demás jugadores se colocan en línea a unos 20 pasos.

· El guardián golpea 3 veces la pared contando "1, 2, 3" y cuando dice "Calabaza", se voltea.

· Los jugadores deben acercarse mientras el guardián cuenta y, cuando se voltea, deben quedarse como estatuas. Si uno se mueve, es enviado de vuelta al punto de partida.

· Cuando uno de los jugadores logra tocar la pared, tiene que volver al punto de partida corriendo antes de que lo toque el guardián. Si lo toca, intercambian sus lugares. Si no, el guardián retoma su puesto y vuelve a empezar el juego.

AIRE, TIERRA, MAR

 1 BALÓN

 4 Ó MÁS JUGADORES

 A PARTIR DE 6 AÑOS

Objetivo del juego

MANTENERSE EN EL JUEGO HASTA EL FINAL.

*L*os jugadores se sientan en círculo alrededor del moderador, quien lanzará el balón a uno de los jugadores diciendo, fuerte y claro: "aire", "tierra" o "mar".

• El que recibe el balón debe regresárselo al moderador diciendo el nombre de un animal, una persona o un objeto que tenga relación con el elemento enunciado.

• Por ejemplo, si la palabra es "tierra", el jugador puede devolver el balón diciendo "conejo" o "volcán".

• Quedan eliminados quienes:
➜ regresen el balón en silencio;

➜ se tarden más de 15 segundos en contestar;

➜ respondan erróneamente;

➜ repitan una palabra.

Cuatro esquinas

 GISES DE COLORES · 1 PAÑUELO

A 4 Ó MÁS JUGADORES

➡ A PARTIR DE 5 AÑOS

Objetivo del juego

MANTENERSE EN EL JUEGO
HASTA EL FINAL.

Se dibuja un cuadrado grande en el piso. En cada esquina se dibuja un cuadrado más pequeño, cada uno de color diferente. En el centro se dibuja un círculo en el que se para un jugador.

• Con los ojos vendados, el jugador del centro cuenta hasta 10 mientras los demás jugadores pasean en el campo y se detienen en una misma esquina o en una diferente.

• Cuando llega a 10, el contador dice uno de los colores de las esquinas. El o los jugadores que estén en esa equina quedan eliminados. El juego sigue hasta que sólo queda un jugador, que gana la partida y se convierte en el contador.

CONEJO Y CAZADOR

NINGUNO

8 Ó MÁS JUGADORES

A PARTIR DE 6 AÑOS

NO DEJARSE ATRAPAR
POR EL CAZADOR.

S e designa a dos jugadores: uno será "el conejo sin casa" y el otro, "el cazador".

• Se hacen grupos de 3 con los jugadores que quedan. Dos se ponen uno frente al otro y se toman de las manos para formar una casa. El tercero es el conejo que vive en esa casa.

• Comienza el juego: el conejo sin casa es perseguido por el cazador. Cuando se cansa, se mete en una casa.

• El conejo que vive en esa casa lo reemplaza.

• Cuando un co-nejo es atrapado, se convierte en cazador.

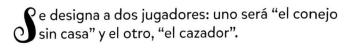

LANZA EL BALÓN

1 GIS · 1 BALÓN

10 Ó MÁS JUGADORES

A PARTIR DE 6 AÑOS

Objetivo del juego

TOCAR A OTRO JUGADOR
CON EL BALÓN.

Se delimita un campo de juego con banderines y se traza un gran círculo en el centro. El lanzador se pone en el centro y los demás jugadores se reparten alrededor del círculo con un pie dentro.

• El lanzador arroja el balón al aire diciendo el nombre de uno de los participantes. Los jugadores se alejan del círculo sin pasar los límites del campo de juego.

• El jugador que fue nombrado debe atrapar el balón y tocar a otro jugador sin salir del círculo.

➡ Si lo logra, el jugador tocado se convierte en el lanzador.

➡ Si no toca a nadie después de 3 intentos, debe quedarse en el centro del círculo. Los otros jugadores regresan y el juego sigue.

DÍAS DE LA SEMANA

1 RESORTE GRANDE

3 Ó MÁS JUGADORES

A PARTIR DE 7 AÑOS

Objetivo del juego

DAR UNA SERIE DE SALTOS SIN CAERSE.

*D*os jugadores se ponen el resorte alrededor de los tobillos con las piernas abiertas y se alejan el uno del otro para estirarlo. Debe quedar suficiente espacio para que un jugador quepa en medio.

• Se empieza con los 2 pies juntos a la izquierda, fuera del resorte.

• Cada día de la semana tiene su propia figura: se dicen los días en voz alta y se dan los saltos correspondientes.

→ **Lunes:** se ponen los 2 pies a cada lado del resorte a la izquierda.

→ **Martes:** se ponen los 2 pies a cada lado del resorte a la derecha.

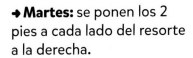

→ Miércoles: se hacen los mismos movimientos a la izquierda y luego a la derecha.

→ Jueves: se salta con los pies juntos dentro del resorte.

→ Viernes: los pies se ponen a cada lado del resorte por fuera.

→ Sábado: el jugador salta 3 veces con los pies juntos dentro del resorte.

 X 3

→ Domingo: se ponen los pies sobre el resorte a ambos lados.

• El jugador que se equivoque deja su lugar al siguiente. El primero en completar la semana sin equivocarse gana y vuelve a jugar.

¿VINO EL CARTERO?

🖊 1 OBJETO PEQUEÑO

👥 6 Ó MÁS JUGADORES

➡ A PARTIR DE 5 AÑOS

Objetivo del juego

ENCONTRAR EL PAQUETE Y ATRAPAR AL
CARTERO ANTES DE QUE SE SIENTE.

Se designa a un jugador para que sea el cartero. Éste toma el objeto pequeño. Los demás se sientan en círculo.

• Todos los jugadores, excepto el cartero, cantan con los ojos cerrados:

> "EL CARTERO NO PASÓ, NUNCA NUNCA
> PASARÁ... LUNES, MARTES, MIÉRCOLES, JUEVES,
> VIERNES, SÁBADO, ¡DOMINGO!"

• Mientras los demás cantan, el cartero da vueltas alrededor del círculo y, antes de que termine la canción, debe dejar el "paquete" detrás de uno de los jugadores.

• Cada uno mira tras de sí. El que recibió el paquete debe levantarse y correr alrededor del círculo para atrapar al cartero.

• Si el cartero logra sentarse en el lugar del jugador sin ser tocado, cambian de roles y empieza una nueva partida.

• Si atrapan al cartero, cada quien vuelve a su lugar y el juego continúa.

• A veces, el cartero no deja el paquete, así que los jugadores deben volver a cantar.

PERSIGUIENDO AL RATÓN

2 PELOTAS DE COLORES DIFERENTES

6 Ó MÁS JUGADORES

A PARTIR DE 6 AÑOS

Objetivo del juego

HACER CIRCULAR LAS PELOTAS LO MÁS RÁPIDO POSIBLE Y QUEDARSE EN EL CÍRCULO.

*L*os jugadores se ponen de pie, en círculo. Se empieza con la pelota que representa al "ratón". Los jugadores se lanzan la pelota de mano en mano a lo largo del círculo.

• Cuando el tercer jugador la atrapa, la pelota que representa al "gato", distinta de la primera por su color o su textura, entra en el juego en las manos del primer jugador.

• Los jugadores se pasan al gato de mano en mano lo más rápido posible, ya que éste tiene una misión: atrapar al ratón.

• Las pelotas deben seguir el círculo y sólo pueden pasarse al jugador de al lado, sin saltarse jugadores. También pueden cambiar de sentido.

• La persona que tiene al ratón cuando el gato lo atrapa queda eliminada. Gana el jugador que quede hasta el final.

Partida china

1 RESORTE

 3 Ó MÁS JUGADORES

➡ A PARTIR DE 7 AÑOS

Objetivo del juego

DAR UNA SERIE DE SALTOS
SIN EQUIVOCARSE Y SIN CAERSE.

*L*os jugadores se ponen el resorte alrededor de los tobillos con las piernas abiertas y se alejan el uno del otro para estirarlo. Debe quedar suficiente espacio para que un jugador quepa en medio.

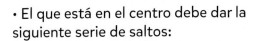

• El que está en el centro debe dar la siguiente serie de saltos:

 ➡ saltar y aterrizar con los dos pies adentro;

➜ saltar y aterrizar con los dos pies afuera;

➜saltar y aterrizar con un pie afuera y el otro sobre el resorte;

➜ saltar y aterrizar con los dos pies sobre el resorte.

• Al terminar esta ronda, se levanta un poco más el resorte y se repite la serie hasta que el jugador se equivoque y deje su lugar a otro.

• Si el resorte está demasiado alto para saltar por encima y el jugador no se ha equivocado, gana un punto y deja su lugar.

• Gana el jugador que tenga más puntos al final de la partida.

QUEMADOS

1 GIS · 1 BALÓN

8 Ó MÁS JUGADORES

A PARTIR DE 6 AÑOS

Objetivo del juego

TOCAR CON EL BALÓN A TODOS
LOS JUGADORES DEL EQUIPO CONTRARIO.

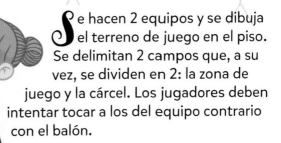

Se hacen 2 equipos y se dibuja el terreno de juego en el piso. Se delimitan 2 campos que, a su vez, se dividen en 2: la zona de juego y la cárcel. Los jugadores deben intentar tocar a los del equipo contrario con el balón.

• Si un jugador es tocado antes de que el balón toque el piso, se va a la cárcel, detrás del campo contrario. El jugador se lleva el balón e intenta tocar a un miembro del otro equipo. Si lo logra, queda libre.

• Si el jugador atrapa el balón antes de que llegue al piso y no lo deja caer, debe aventarlo inmediatamente para poder moverse, y quien lanzó el balón se convierte en prisionero.

• Los miembros de un mismo equipo pueden pasarse el balón o lanzarlo a la cárcel para permitir que uno de los suyos se libere.

• Si el balón aterriza fuera del terreno de juego, los prisioneros que están de ese lado lo devuelven.

• Si todos los jugadores de un equipo terminan en la cárcel, el equipo pierde.

• El último jugador en pie tiene 3 oportunidades para liberarse.

AVIÓN DEL AÑO

1 GIS · 1 PIEDRA

1 Ó MÁS JUGADORES

A PARTIR DE 6 AÑOS

Objetivo del juego

TERMINAR EL RECORRIDO SIN EQUIVOCARSE.

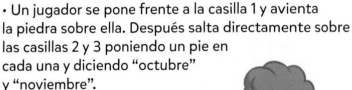

En el piso se dibujan con gis 10 casillas como las de la imagen. En ellas se escriben los meses del año escolar: de septiembre a junio.

• Un jugador se pone frente a la casilla 1 y avienta la piedra sobre ella. Después salta directamente sobre las casillas 2 y 3 poniendo un pie en cada una y diciendo "octubre" y "noviembre".

• Después sigue saltando en un pie sobre las casillas simples y en 2 pies sobre las dobles hasta la casilla 10, diciendo los meses.

• Al terminar, el jugador regresa hasta la casilla 2, con los mismos saltos y diciendo los nombres de los meses.

• Recupera la piedra equilibrándose en una pierna, salta por encima de la casilla 1 con la piedra en la mano y vuelve al punto de partida.

• Si hace el recorrido sin equivocarse, vuelve a jugar del mismo modo, lanzando la piedra en la casilla 2, después sobre la 3 y así sucesivamente hasta la 10.

• Si se equivoca, le toca al siguiente jugador.

• Gana quien logre hacer el recorrido de ida y vuelta 10 veces seguidas sin equivocarse.

Índice

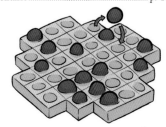